UN CAMINO LLAMADO PERSISTENCIA

Un camino llamado persistencia

Herramientas prácticas para aumentar tu efectividad

Para ser un gran emprendedor se necesita no solo tener actitud sino los hábitos necesarios y herramientas para ir creciendo.

Ezequiel Valdez

Ezequiel Valdez

Dedicado con amor y respeto a mis padres, a Julieta mi mujer y a mis grandes amigos .

Y también para todos aquellos emprendedores que avanzan sin importar cuán grande sea la incertidumbre.

Índice

Acciones pequeñas

Ten claridad

Energía alta

un camino llamado persistencia

Concentración

Ideas

Ahorro

Leer

La unión

Crear empresas o invertir

Aprende un código por día

INTRODUCCIÓN

No importa cuántas veces no estés logrando eso que quieres, aquí lo que realmente importa es que estés poniendo acción día tras día para que tu camino se valla armando. Aquí no sirve cuanto sean las excusas que uno tenga guardadas, lo que importa es cuanto vas a defender aquello que amas, cuanto eres capaz de dominar tus hábitos. Sabes, los pequeños hábitos son los que marcaran una nueva vida en tu camino y realmente si estas comprometido día a día con aquello vas a entender de lo que te hablo. La vida es un granel de acciones, y si, no te lo niego que en el camino te van a aparecer un sinfín de obstáculos acaso quien en la vida no ha tenido estos supuestamente malhechores que vienen a descarrilarnos y a dejarnos a veces mal parados emocionalmente llamados fracasos, te aseguro que nadie está expuesto a estos . Por lo tanto debes expresar en ti mismo de que ya eres aquel ganador lo deberás sentir de una manera latente y llevar la disciplina como una compañera día tras día , y no sentir que eres un fracasado. Vamos emprende el camino de los persistentes aquellos que no se cansan un día de intentar , investigar , fracasar , empezar de nuevo , avanzar como un león , acaso quien dijo que tu eres un perdedor y si alguien te lo dijo a ti eso no te importa, adelántate a un mundo de incertidumbre pero donde las victorias son muy gratificantes . Vamos a establecer un orden de ganador decídete a tener una actitud de emprendedor persistente e inicia un camino del que no todos quieren intentarlo ¿porque? Porque se debe pagar un precio y nada en la vida llega por orden de magia, la persistencia te

un camino llamado persistencia

acompañara en los momentos donde la motivación ya se habrá ido.

ACCIONES PEQUEÑAS

Las acciones pequeñas, aquellas acciones que no están acompañadas de la motivación, a veces me pongo a mirar un video y realmente creo que a varias personas le deben pasar lo mismo, tanta motivación que queremos salir corriendo ponernos una capa y el traje de Superman, pero bien, vallamos un poco a la realidad por más linda que sea eso no pasa a menos que alguno de mis lectores salgan a hacerlo, pero no, no nos pintemos algo irreal. Necesitamos algo más que la motivación, algo más grande que a la vez es tan sencillo como un plan y esas famosas acciones pequeñas. A veces parecerían ser algo absurdas, de que se tratan entonces ¿ acaso la vida ? ¿es fácil? de nuestra boca salen muchas veces palabras que realmente determinan por completo nuestros segundos, minutos, horas, días, semanas, meses años y quizás toda nuestra vida. Las acciones pequeñas no deben aparecer de la nada, he investigado bastante del asunto y los autores como Brian tracy, Napoleon hill tratan muchísimo este tema una acción pequeña en tu día te puede cambiar el resto. A veces caemos en la actitud de creer que es muy grande, muy lejano o muy tonto accionar por un sueño porque lo vemos tan grande y tan fantasioso que muchas veces no somos capaces tampoco de ni empezar por el miedo al que dirán, al fracaso, al éxito y si esto es algo cotidiano. Lo realmente necesario empieza por lo pequeño, es como un árbol nace de una raíz, como una flor, como una persona como el amor mismo nace desde algo tan simple que se va expandiendo con el tiempo.

Una acción pequeña: un micro habito : pequeños hábitos son los

un camino llamado persistencia

determinantes ,un ejemplo seria tender la cama todos los días , empezar a solucionar el problema del desorden , hazlo por 1 mes seguido , hasta los días que estés bajo anímicamente y veras como ese habito se va a arraigar a tu vida . Luego vas a mantener el orden de tu mesa de luz y vas a notar que vas a querer seguir por uno nuevo será un orden secuencial tu mente está diseñada para ir ordenando uno tras otro te invito a que los hagas te vas a sorprender. Se trata de mantener el orden y solucionar problemas , pero primero por partes pequeñas , acciones determinantes y con una visión clara .

¿Por qué nos cuesta tanto hacer cosas tan simples? Lo simple es lo más difícil , nuestro cerebro esta adaptado a lo fácil , el placer es lo que le encanta , pero no debemos estar en busca constante del placer prematuro . lo ideal es diseñar un plan gigante que te quede muy grande pero los mini hábitos tenerlos presentes . Por lo tanto vuelvo a mencionar a los grandes autores tanto como Brian Tracy , Napoleon Hill, son increíbles como tratan este tema , Te va a pasar que la motivación no es fiel compañera , que los estados de ánimo mucho menos , pero para formar hábitos fuertes se debe poner mucho de sí mismo .Ya lo hablaremos en el ejemplo :

Las claves para llevarte a realizar pequeñas acciones que te vallan llevando a tus sueños:

Tomar un cuaderno para muchos es una tarea algo difícil, para otros es algo básico pero esta también es una de las primeras claves que te van a ayudar , sabemos que lo tienes que tener como un anotador pero debe tener anotado tu primera acción pequeña acuérdate anótala subráyala mantente con la atención en ella aumenta tu energía poniéndote los pantalones y menciónate " me hago responsable por esta primera acción que me va a llevar a lograr mi sueño" . Luego eso le vas a poner fecha , aquello que hagas tiene que tener claridad , y debe ser un cambio , ahí están las claves , los pequeños detalles son cambios que están escritos con el fin de cambiar totalmente tu vida . Estos son los más difíciles, los que menos nos gustan, el cerebro rechaza los cambios y mucho menos si son pequeños y no le garantizan a la persona un placer instantáneo, por eso decíamos que tu razón o tu sueño debe ser tan grande como un mundo, pero estamos hablando de un pequeño primer paso, tiene que ser tan chiquita esa acción que pienses que es muy tonto, pero lo debes hacer tan constante que le estés mandando una información a tu mente todos los días, de que es un trabajo, que te lo tomas en serio y no vas con bromas. Pero ten en cuenta que no va a ser solo una acción sino varias (pequeñas).

TEN CLARIDAD

Debes saber hacia dónde vas, aquel objetivo por más pequeño que sea debe estar escrito con muchísima claridad, es muy importante esto, haremos lo que escribimos, muchas cosas las dejaremos pasar por alto, la claridad te ira haciendo un ser implacable un ser flexible antes los cambios de la vida debes confiar en tu propio camino, se sencillo al principio, no empieces con grandes acciones, cosas que no las puedas hacer o te exijan un esfuerzo extremadamente alto y estresante no así te va a costar muchísimo y vas a dejar lo más pronto posible eso es lo que te hará que te desanimes, Brian Tracy el siempre expone en sus libros que te des pequeños gustos, después de una labor puede ser una gelatina, un yogurt lo que sea, somos seres de recompensa, debes tener en cuenta que durante el camino tienes que tener esas famosas micro recompensas cerca, para seguir animándote hacia el objetivo mayor.

Por lo tanto la claridad es un factor importantísimo, no te lo olvides, sin esta es difícil saber hacia dónde vas, tienes que tener en tu mente un timón estar sobre un barco donde tu dirección está marcada por un plan, asique tienes que saber adónde te diriges, si no sabes adonde te diriges es muy difícil, por lo tanto se trata de tener bien en claro tus objetivos.

ENERGÍA ALTA

Si yace, sé que todos los días no te vas a encontrar con esta energía alta ,pero es la más recomendable para tu vida , busca una manera de conservar una energía alta , de levantarte a las mañanas con una mentalidad de que te comes el mundo , de que eres capaz de todo , de que las cosas siempre podrían ser mejor y estas comprometido o comprometida en aquello que amas , tienes que tener la energía alta , y no baja , sé que algunos días te costaran y será más difícil , pero toda persona exitosa en su campo , o simplemente feliz , debe tener una actitud fuerte , porque la energía baja es un estorbo no te comprometerás de la misma manera , confiaras 100 veces menos en ti , tendrás problemas altos y los veras como gigantes y te tiraran al suelo fácilmente , todo te molestara más , tendrás un malhumor constante , vivirás diciendo que la vida es esto y lo otro , dirás que tus fracasos son tan grandes que ni vale la pena luchar por lo que amas , caminar por los caminos que quisieras , vamos te animo a que tengas una energía implacable , una energía constructora ,una energía imponente , tengas la edad que tengas , ponte la idea de que estando feliz , vas a hacer mejor las cosas , estando infeliz , triste , decepcionado/a siempre no vas a lograr mucho porque te va a doler cualquier pequeña o gran frustración y les vas a echar la culpa a todo el mundo y siempre habrá excusas y solo más que excusas .Asique te animo a tender sobre tu vida una energía vital fuerte .

"Por lo tanto recuerda bien cada vez que tengas una idea te animo a que la cuentes con toda tu pasión que la defiendas y que te creas con toda tu alma que es la idea número uno ,no importa los obstáculos que puedas tener debes tenerte fe y creer lo más posible en tus sueños, siempre con energía alta"

CONCENTRACIÓN

La concentración se lleva en un lugar donde puedas concentrar esas energías, para trabajar sobre lo que has elegido tienes que tener un lugar propio para exigirte lo que sea necesario y asumir la responsabilidad. Tendrás que concentrarte a menudo para pulirte día tras día, que quiero decir que no lo vas a saber todo de pronto pero tu concentración por aprender, por accionar, por resolver nuevos obstáculos, y por cumplir esos pequeños objetivos del día, te va a ir construyendo ese camino que tanto quieres. Debes entender que tienes que tener tu propia resistencia, porque te va a doler en ocasiones, vas a sentir que es muy difícil, pero de eso trata, tienes que entender a ese dolor de la famosa disciplina como la que te ira llevando a sentirte cada vez más un profesional de tu asunto, pero bien a todo esto necesitaras además de todo lo que venimos contando, deberás tener constancia y **Concentración.**

Una persona que está escribiendo necesita de un lugar diría solitario, con poco ruido, con poca luz, con un clima tranquilo para poder concentrarse en su escritura, lo mismo una persona que entrena un deporte se deberá exigir a si mismo por lo tanto deberá tener niveles de concentración en zonas aptas para que los pueda tener, un músico lo mismo con sus instrumentos musicales, un doctor, un maestro, un mecánico, un operario de fábrica etc. todos deben tener la concentración latente, pero hay un factor que esta bien claro, para ir aprendiendo día tras día un nuevo objetivo, te deberás exigir.

"no tengas miedo de ponerte nuevos retos, tendrás un toque de

Ezequiel Valdez

adrenalina día tras día , querrás salirte de la cama lo antes posible para disfrutar de nuevos objetivos "

IDEAS

Sin ideas mucho no tiene sentido .Sé que esta parte también es difícil pero se te deben ocurrir , muchas veces para esclarecerte más puedes observar aquellos que realizan o que han hecho lo mismo que tú. Aprende de los que ya hicieron el camino que te gusta , que veas bien como hicieron su trabajo , como lo presentaron , no te digo que lo hagas de la misma manera pero que aprendas de cómo llegaron ellos o el a hacerlo . Tienes que tener mentores, coach , maestros como los quieras llamar , pero solo/a no vas a aprender así de simple . Sera ideal tener un modelo a seguir, y en consecuencia de eso ir teniendo tus propias ideas para levar a cabo aquello que quieres. Es algo que se debe tomar con calma porque de la noche a la mañana no te van a salir todas las cosas , debes tener mucha paciencia , el camino muchas veces es largo , pero acuérdate mucho de los puntos anteriores . Por lo tanto las ideas son el ingrediente mágico de todo esto , que se te ocurran no será fácil pero cuando observas el modelo de otros y piensas " es algo así lo que yo quiero pero con mis ingredientes " estará bien, acuérdate aprender de los demás , muchos ya pasaron por donde tu quieres hacerlo , no pienses que todo te va a salir a tu manera , ten en cuenta que lo que los demás pueden aportarte muchas veces es oro puro, quiero decir muy pero muy importante , la vida no es tanta ciencia todo el mundo aprende de alguien, es sencillo decirlo , pero por eso debes estar entrenado/a , capacitado/a y eso se hace con tiempo.

Ezequiel Valdez

" recuerda las ideas son muy importantes , se te deben ocurrir para crear tus proyectos para mejorarte día tras día , pero es importante que alguien te pueda enseñar , tomar hasta clases , tener paciencia y mucha pasión por aprender "

AHORRO

Lose te estarás preguntando ¿ahorro? Lo dijo una vez un amigo mío, sino somos capaces de ir ahorrando desde lo más pequeño ¿ acaso como podrás ahorrar cuando tengas mas ? acuérdate hay muchas formas sencillas para ahorrar , muchas están escritas en libros , esta vez no debes permitirte que salgan de tu boca excusas , como por ejemplo no ahorro por todas la deudas , no ahorro porque no lo se , no ahorro porque el país esta mal , no ahorro porque… y así un sinfín de excusas que muchas veces te privan de tener al menos unos ahorros para que estos los puedas poner de todos modos a trabajar o para que te hagan sentir bien el saber que estas ahorrando , debes tener en claro que si ahorras será mejor que si no lo haces , no te estoy diciendo que te enfoques solo en el dinero , este libro no está creado para eso , pero acuérdate que esta práctica del ahorro te ira haciendo sentir mucho mejor . Es solo una parte de lo que ganas , se va a un instrumento que te pueda generar unos intereses , solo eso , no es mucha ciencia , no debes estar entrenado en la bolsa , solo tienes que tener una parte que te genere unos intereses y no los toques , no importa si empiezas con 1 dólar , con 2 dólares o lo que sea , tienes que tener una disciplina y permítete a hacerla en largo plazo , ese fondo no lo vas a quitar por nada solo debe ser INTOCABLE , te animo a que empieces poco a poco . No estoy diciendo que ahorres todo , el resto paga cuentas , paga deudas libérate poco a poco de las deudas , pero ahorra vas a ver qué bien se siente , y más aun si empiezas con muy poquito , lo que vale es la persistencia , el tiempo te va a dar la razón , solo que no vas a estar enfocado en el ahorro , siempre vas a enfocar tus energías en el conocimiento, aumentando tus conocimientos , como hablamos en los puntos anteriores vas a obtener una mejor vida , pero a medida que los aumentas vas a ir ahorrando y no toques esa parte , pueda ser un 10 por ciento un 15 un 20 lo que puedas permitirte ,muchos libros tratan de esto . Debes tener un control emocional, que te permita realizar estos actos sin tocar.

De lo que ganas quita un $ % por ciento vamos te animo a hacerlo!!!

"al paso de los meses vas a ver gracias a tu disciplina de ahorro como fuiste aumentando y vas a entender el modelo de la persistencia , entenderás que el ahorro es como aquella plantita que la riegas y la cuidas constantemente y esta crece pero debes mantenerla "

LEER

Esto es una de las preferidas por mi "leer" qué más da, esto es esencial para cada persona , leer es importante. Si una persona no es capaz de tomarse un tiempo para leer , investigar , escuchar audios , entrenarse en oratorias , reuniones entonces quiero decirte que es muy difícil , la verdad tu camino se va a ir haciendo con tu actitud pero debes mantenerte al tanto de la lectura y lo demás que mencione. Hay grandeza en tu vida, solo que debes despertarlo es más importante el dialogo que te mencionas día tras día , que lo que puedan decirte y como estamos mencionando , la lectura puede abrirte más caminos . Renueva tu mente día tras día, y por eso debe darle cosas nutritivas y el leer es rico para tu vida. Estamos muy atrapados muchas veces con la televisión no está mal mirar un poco, pero debes comprender que en las letras esta la magia estas las escribieron muchas veces gente que ha estudiado y/o mejor ha experimentado los asuntos que más quieres vivir . Es algo sorprendente para tu vida . La ignorancia se paga y realmente se paga muy duramente , debes programar a tu mente , diseñar proyectos que te llenen que los busques con toda pasión , debes estar comprometido/a a estudiar del asunto y a actuar cuando debas hacerlo , no puedes pasar por alto todo esto , porque somos muchas veces el producto de lo que leemos y de lo que nos contamos a nosotros mismos , entonces despierta tu grandeza , permítete a superarte una y otra vez , dile adiós al rechazo .

"Por lo tanto el leer te abrirá muchos caminos, lee todo lo que sea nutritivo para ti, te darás cuenta que te van a hacer crecer aún más como

Ezequiel Valdez

persona"

LA UNIÓN

Cuando un amigo se cruza por tu camino, y dada las consecuencias de la vida es el indicado, no alcanzan las palabras para agradecer esto, a mí me paso, conocí tremendos guerreros de la vida, lideres persistentes, soñadores en vida e insistentes con la acción. Los he conocido mediante la búsqueda de un nuevo pensamiento, una nueva fe, una nueva vida, sé que dios está en los corazones grandes llenos de paz y amor.

Ellos son más que la amistad, son hermanos del alma, cada palabra en la distancia o en la cercanía es un abrazo y no lo niego directo al corazón, por lo tanto quiero decir de forma amable, que grande que es la unión. Es la manera de crecer es todo lo contrario a perder, no de verdad no miento, es una maravilla. Qué más da tener algo y no poder compartir, si lo mejor de la vida esta cuando lo compartimos con los demás, una idea, un sueño, un abrazo, una mano, esta es la vida no hay otra para que renegar, si lo mejor está aún más cerca ,en la amistad . Todo tiene un sentido solo debes tenerte fe en que puedes ser un mejor ser humano con alguien más, y si no lo son con vos , el mundo es grande no es chiquito por esa razón cuantos amigos podes encontrar . Era una mañana que me desperté con ganas de cambiar totalmente, y esas ganas de tener fe , y por alguna razón de la vida me fui uniendo poco a poco a una amistad que espero que pueda perdurar por el tiempo que dios lo quiera y cada vez somos mas , todos tenemos un ¿Por qué? Y un para qué? Qué lindo es poder compartirlo con la gente indicada.

Ezequiel Valdez

Esto es la amistad, podemos entendernos aun en esos días que algunos este un poco menos energía que otro, no hay excusas para tener un amigo, realmente es sencillo depende para algunos no, asique tómatelo con calma, si no los encontraste pronto llegaran solo tienes que tener fe en tu corazón, ganas de querer y de dar un aliento, porque de eso se trata. Como entendemos a la unión voy a darte algunos ejemplos o buenas prácticas como las quieras llamar para entender más a la amistad unida siempre por algún buen fin.

. Crea un grupo de whats app, estoy seguro que algo te gusta, en alguna red social seguramente hay gente con los mismos intereses que tú, eso es genial para empezar a establecer contactos.

.O de otra forma hay gente que está formando esos grupos, inclúyete en donde mejor te sientas

.Vamos anímate a crear un emprendimiento que te guste y empieza a hacerlo crecer poco a poco, no importa que lo hagas un pequeño tiempo, al día seguramente vas a tener que relacionarte con gente para que te ayude a impulsarlo.

.La unión puede estar en cualquier lado, anímate a saludar, o a hacer servicios con buenos fines a la comunidad.

"la vida es más hermosa cuando se hace la unión"

. Hoy en día mucha gente se suele juntar en reuniones, convenciones o como los quieras llamar, suele haber mucha gente positiva en algunos lados así, yo no hago multinivel, solo veo la buena energía de ellos.

Por lo tanto demuéstrate que puedes establecer buenos lazos con

los demás, que no toda la gente va a estar en contra tuyo, o van a pensar diferente a ti, siempre habrá un lugar para encontrar gente indicada para ti , y eso es lo que realmente afecta de una buena manera a tu vida , seamos sinceros , esta vida se vive mucho mejor como lo hemos mencionado al principio compartiendo .

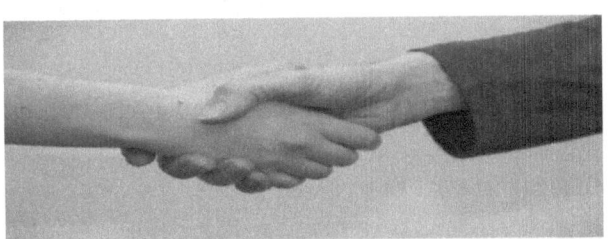

CREAR EMPRESAS O INVERTIR

Crea, crea lo puedo repetir muchas veces más si es necesario, ahí está uno de las claves de la riqueza, y ten mucha paciencia, no esperes a ganar dinero lo antes posible porque la creación de negocios lleva un tiempo, los procesos se van formando poco a poco . El crear empresas es muy necesario porque esto te ira formando como un empresario e inversor, además el invertir en otras personas que solucionen o le den valor a la sociedad es importante, en cuanto inviertes una vez, lo harás otra y una vez más , crearas empresas como habito , y no pensaras como piensa la gran mayoría que tienes que tener mucho dinero para hacer esto . Fuimos automatizados para pensar de una manera, pero hay otras , Kiyosaky entre otros grandes autores , nombra la creación de activos, yo lo nombraría de empresas que te den retornos , sean chiquitas , más grandes como sean, estos tienen que tener contribuciones a la sociedad , debes tener un nuevo código muy distinto al normal . Si comprendes esto estarás dominando con el tiempo uno de las claves principales, somos producto de nuestros pensamientos pero estos deben estar muy claros y con planes específicos ; toma en cuenta esto es : etapa por etapa. Quizás puedas tener decadencias emocionales como todos las tenemos no todos los días serán color de rozas, por lo tanto tus hábitos deben estar bien arraigados a ti , tienes que estar exageradamente entrenado al estilo militar , levántate y cumple con tus deberes sin importar en ese día que haya

un camino llamado persistencia

pasado , por lo tanto es esencial trabajar el ser , estar interiormente bien , con uno mismo y con los demás .

Crear empresas no será una tarea fácil, por lo tanto, te invito a que anotes en hoja , cuáles son tus mayores virtudes . Además tienes que tener dominio sobre algunos temas , hay cosas que te deben gustar mucho más y otras estoy seguro que no .Asique anota en una lista todo lo que te gusta , debes tener bien en claro que es lo que haces mejor . Vamos a dar una serie de puntos que pueden ayudarte a mejorar.

Empecemos:

Anota en una hoja en blanco todas tus virtudes:

1) Debes poner toda la atención a lo que eres bueno (es importante y mucho que lo tengas anotado)

2) Vas a comenzar a realizar un servicio relacionado a aquello que anotaste, vas a poner tu atención en tu primera virtud.

3) Antes debes comenzar a formar una audiencia¿ cómo te preguntaras?

4) El servicio será tu aliado, la gente necesita que le soluciones un problema o que les quites un dolor.

5) Para eso debes conseguir herramientas en la cual puedas acercarte a un público específico.

6) Las herramientas hoy en día son las redes sociales.

7) Primero tienes que entender que la gente necesita que le des soluciones gratis por eso mencionamos que debes formar una audiencia específica creando contenidos importantes solo para un público, debe ser una público el cual por ejemplo necesite aprender a pintar, si tu fuerte es la pintura tienes que centrarte por ejemplo en pintar dibujos de paisajes al principio, o en el caso de un músico en tocar la guitarra especialmente una canción, pero para hay para todos, cada persona tiene un fuerte.

8) Iras haciendo un video puede ser semanal, cada 3 días, cada 2 el tiempo que tu puedas e iras anunciándote en Instagram, YouTube, Facebook y porque no twitter.

9) Soluciona un problema termínalo bien y sigue con otro.

10) Hay siempre un público que quiere solucionar algo en su vida, aprender, pulir su oficio o calmar un dolor.

11) créate una marca personal, y enseña todo lo que puedas acerca de tu fuerte.

12) Ten paciencia, armarlo requiere un proceso.

13) Vamos empieza por un tema, luego iras tratando nuevos con el tiempo.

14) Está muy claro que con el tiempo debes tener una página web profesional, donde puedas mostrar tus servicios y/o productos

un camino llamado persistencia

Sabemos que hacer todo este proceso no es fácil, por lo tanto lo que enseñes o lo que intentes solucionar a los demás debe ser una fortaleza tuya, es mucho más fácil tener una audiencia solo que tienes que hacerlo con muchas ganas de solucionar la vida a otros, lleva tiempo, pero es la mejor manera de formar un gran público y darte prestigio, además, con el tiempo tienes que tener una pagina web profesional.

<u>Recuerda que debes estar capacitándote continuamente en aquello que te desenvuelves mejor, no debe pasar por alto esto, porque tus servicios deben ser absolutamente profesionales, tu continua preparación será tu marca, porque vas a querer que la gente tenga un producto o servicio ideal, la solución de problemas será tu primer objetivo, tu gran misión.</u>

Por lo tanto la mejor inversión de tu vida serás tú, no hay otra mejor, porque aquella capacidad que tienes la explotaras de las dos mejores, ayudando a los demás, creando una audiencia específica y haciéndolo de manera profesional no solo por dinero sino para resolver de muchas maneras, ahí estará tu marca para quedarse. Acuérdate la inversión continua en ti mismo es un factor que no te debes olvidar nunca :

Ezequiel Valdez

"Aprende algo nuevo día tras día. Además tienes que tener en claro en que eres bueno, porque si no te gusta aquello que haces lo dejaras y mucho menos lo harás también en forma gratuita y menos lo harás de manera profesional porque no te estarás capacitando todo el tiempo, solo harás un paso quizás dos y ahí te quedaras debes tener bien claro cuáles son tus mayores virtudes que es lo que más te gusta, y bien a empezar se ha dicho "

"Entonces te darás cuenta que con el tiempo crear empresas se trataba de crear soluciones, no es difícil solo tienes que entender que la clave está envuelta en la solución, pero también en como presentas esa solución y como la haces negocio, esta todo en tus fortalezas "

APRENDE UN CÓDIGO POR DÍA

Esto tiene que ver mucho con la claridad que puedas tener en tu vida, debes tener muy claro cuáles son los pasos que vas a dar, primero no te limites nunca a invertir en educación, y cuando me refiero a aprender un código por día es necesario que entiendas que vas a ir formándolo día tras día.

Vallamos a ejemplos:

Cuando tu anotas un objetivo menor, sabes bien adonde vas, sabemos que ese pequeño objetivo es una parte de un sueño mayor, todos los tienes que unir a medida que pasen los días, es conectar uno con otro, por eso la claridad es importante y cuanto más estudies e investigues el asunto que quieres resolver, vas a tener mucho más claro por donde caminar. Aprende a manejar un estado emocional lo vas a necesitar porque habrán pequeños inconvenientes que solucionar uno tras otro, tu psicología debe estar enfocada en los pasos, y por eso " el código por código" la claridad y el estudio. Tengamos en cuenta que los pasos son como ir subiendo una escalera, si los subimos demasiado rápido tendemos a correr el riesgo de tropezar y muy fuerte, por eso la naturaleza es sabia, si sabemos lo que tenemos que hacer, apliquémoslo paso por paso, enlace por enlace, minuto a minuto, el tiempo es un aliado de nosotros tengamos en cuenta que todo, es un producto de nuestras acciones y pensamientos, debes tener cuidado con lo que piensas, no pienses en fracasos no existen, son solo momentos para solucionar y aprender , piensa en un camino donde la generosidad d la vida te va a dar las herramientas a medida que pase el tiempo , por eso interiormente debes tener fe e ir haciendo la conexión.

Por eso se claro, no te detengas avanza. Los únicos limites que puedes tener son los mentales porque realmente estos no existen lo puedes hacer absolutamente todo, por eso hay que entender a la madre naturaleza.

"hagamos que la vida tenga sentido; anímate, si es necesario decepciónate, alégrate, pierde si ,no es broma ve con ganas de ganar pero si vas a perder hazlo con todas las ganas , no te detengas porque el problema está cuando paras y no te permites avanzar , anímate a lograr lo que nunca has logrado , anímate a

un camino llamado persistencia

crecer como nunca , a ser un niño otra vez a ser distinto a "ser" se trata de entender que hay que ser.

Cuantas veces hay que fracasar para llegar a ser, nada no hay que fracasar absolutamente nada porque ya podemos sentirnos, ya podemos ser alguien, todo está en la mente y en el ser no hay otra opción, asique no es que tienes que tener es lo que ya te crees , lo que eres . Por lo tanto debes levantarte una mañana y comienza por aventurarte en tu propio ser pensando en grande "

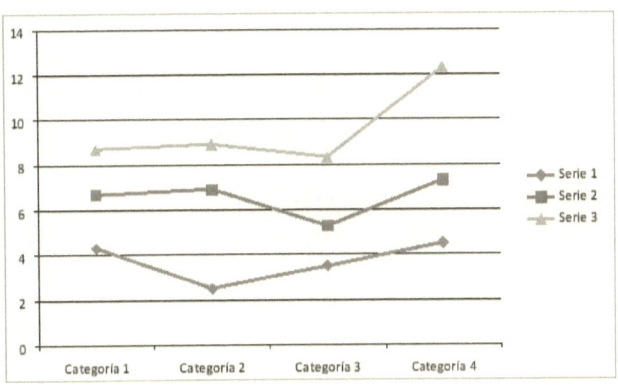

.Como dice en el gráfico de arriba, nuestra vida es prácticamente igual, tenemos momentos ideales, y otros en bajas, por lo tanto podremos entender el proceso de la naturaleza. A lo que le debemos prestar más atención es a la línea recta, no importa si en las tres series suben y bajan *o se mantienen, hay un detalle aún más importante, en la línea recta no pasa eso, solo es recta de por sí , y sigue un curso , por lo tanto pase lo que pase sigue su curso avanza sobre su marcha .*

"un camino llamado persistencia "se trata también de seguir en la línea aun así si esta tiene interrupciones y con muchos obstáculos o con momentos emocionales bajos , seguir derecho , ahí esta otra de las grandes claves no descuide de su camino , porque todo camino es recto , los obstáculos solo te frenaran a medida que tu creas que debas hacerlo , o no lo harán si crees que debes seguir aprendiendo y que hay muchas formas distintas de avanzar , se trata de seguir e intentar miles de veces más si es necesario y todo ira muchísimo mejor"

*" Te deseo un camino en
el cual todos tus sueños se
puedan cumplir "*

Ezequiel Valdez

www.ingramcontent.com/pod-product-compliance
Lightning Source LLC
Chambersburg PA
CBHW031559210526
45464CB00003B/1356